Die Majestät der Ruhe

Individuelle Probleme und Möglichkeiten

William George Jordan

Writat

Diese Ausgabe erschien im Jahr 2023

ISBN: 9789359255552

Herausgegeben von
Writat
E-Mail: info@writat.com

Inhalt

I Die Majestät der Ruhe ....- 1 -

II Hurry, die Geißel Amerikas ....- 4 -

III Die Macht des persönlichen Einflusses ....- 8 -

IV Die Würde der Eigenständigkeit ....- 12 -

V Scheitern als Erfolg ....- 16 -

VI Immer unser Bestes geben ....- 21 -

VII Der Königsweg zum Glück ....- 27 -

I
DIE MAJESTÄT DER RUHE

Ruhe ist die seltenste Eigenschaft im menschlichen Leben. Es ist die Ausgeglichenheit einer großen Natur, im Einklang mit sich selbst und ihren Idealen. Es ist die moralische Atmosphäre eines egozentrischen , selbstständigen und selbstkontrollierten Lebens. Ruhe ist Zielstrebigkeit, absolutes Vertrauen und bewusste Kraft – bereit, sich sofort auf jede Krise zu konzentrieren.

Die Sphinx ist keine wahre Art von Ruhe – Versteinerung ist keine Ruhe; es ist der Tod, das Schweigen aller Energien; Dabei lebt niemand sein Leben vollständiger, intensiver und bewusster als der Mann, der ruhig ist.

Der Fatalist ist nicht ruhig. Er ist der feige Sklave seiner Umwelt, der sich hoffnungslos seinem gegenwärtigen Zustand ergibt und seiner Zukunft rücksichtslos gleichgültig gegenübersteht. Er akzeptiert sein Leben als steuerloses Schiff, das auf dem Ozean der Zeit treibt. Er hat keinen Kompass, keine Karte, keinen bekannten Hafen, zu dem er segelt. Seine selbst eingestandene Unterlegenheit gegenüber der gesamten Natur zeigt sich in seiner Existenz der ständigen Hingabe. Es ist keine Ruhe.

Der Lebensweg des ruhigen Mannes ist in seinem Horoskop deutlich eingezeichnet. Seine Hand ist immer am Ruder. Sturm, Nebel, Nacht, Sturm, Gefahr, versteckte Riffe – er ist immer darauf vorbereitet und bereit. Die Erkenntnis, dass er in diesen Krisen seiner Reise einen klaren Geist und einen kühlen Kopf braucht, macht ihn ruhig und gelassen; dass er nichts anderes zu tun hat, als durch das Licht, das er hat, jeden Tag sein Bestes zu geben; dass er niemals einen Moment lang zurückschrecken oder ins Wanken geraten wird; dass er, auch wenn er möglicherweise eine Zeit lang wenden und seinen Kurs verlassen muss, niemals abdriftet, in den wahren Fahrwasser zurückkehrt und immer auf seinen Hafen zusteuert. *Wann* er es erreichen wird und *wie* er es erreichen wird, ist ihm egal. Er ruht in Ruhe und weiß, dass er sein Bestes gegeben hat. Wenn sein Bestes zunichte gemacht oder überstimmt zu werden scheint, muss er trotzdem seinen Kopf neigen – in Ruhe. Keinem Menschen ist es gestattet, die Zukunft seines Lebens zu kennen, die Endgültigkeit. Gott vertraut dem Menschen immer nur neue Anfänge, neue Weisheit und neue Tage an, um das Beste seines Wissens zu nutzen.

Ruhe kommt immer von innen. Es ist der Frieden und die Ruhe in den Tiefen unserer Natur. Die Heftigkeit des Sturms und des Windes bewegt nur die Meeresoberfläche; Sie können nur 200 bis 300 Fuß tief durchdringen – darunter liegt die ruhige, ruhige Tiefe. Um auf die großen Krisen des Lebens vorbereitet zu sein, müssen wir Gelassenheit in unserem täglichen Leben lernen. Ruhe ist die Krone der Selbstbeherrschung.

Wenn die Sorgen und Nöte des Tages Sie beunruhigen und zu belasten beginnen und Sie unter der Reibung schüren, bleiben Sie ruhig. Halten Sie inne, ruhen Sie sich einen Moment aus und lassen Sie Ruhe und Frieden auf sich wirken. Wenn Sie zulassen, dass diese irritierenden äußeren Einflüsse Sie überwältigen, gestehen Sie ihnen gegenüber Ihre Minderwertigkeit, indem Sie zulassen, dass sie Sie dominieren. Studieren Sie die störenden Elemente, jedes für sich, wenden Sie die ganze Willenskraft Ihrer Natur an, um auf sie einzugehen, und Sie werden feststellen, dass sie eines nach dem anderen zu Nichts verschmelzen werden, wie Dämpfe, die vor der Sonne verblassen. Der Glanz der Ruhe, der dann Ihren Geist durchdringt, das prickelnde Gefühl eines Zuflusses neuer Kraft, kann für Sie der Beginn der Offenbarung der höchsten Ruhe sein, die für Sie möglich ist. Dann, in einer großartigen Stunde Ihres Lebens, wenn Sie vor einer schrecklichen Prüfung stehen, wenn die Struktur Ihres Ehrgeizes und Ihrer Lebensarbeit in einem Moment zusammenbricht, werden Sie mutig sein. Dann können Sie ruhig Ihre Arme verschränken, unbeirrt und unerschrocken auf die Asche Ihrer Hoffnung blicken, auf das Wrack dessen, was Sie treu aufgebaut haben, und mit mutigem Herzen und unerschütterlicher Stimme sagen: „So lass es sein, – ich werde wieder bauen. "

Wenn die Zunge der Bosheit und Verleumdung, die Verfolgung von Minderwertigkeit Sie für einen Moment zur Vergeltung verleitet, wenn Sie für einen Moment sich selbst so sehr vergessen, dass Sie nach Rache hungern, dann bleiben Sie ruhig . Wenn der Graureiher von seinem Feind, dem Adler, verfolgt wird, rennt er nicht weg; es bleibt ruhig, nimmt eine würdevolle Haltung ein und wartet ruhig, während es dem Feind ungerührt gegenübersteht. Mit der ungeheuren Kraft, mit der der Adler angreift, wird der gepriesene König der Vögel oft aufgespießt und auf dem ruhigen, lanzenartigen Schnabel des Reihers durchbohrt. Das Mittel, das der Mensch anwendet, um den Charakter eines anderen zu töten, wird zum eigenen Selbstmord.

Kein Mensch auf der Welt hat jemals versucht, einem anderen Unrecht zuzufügen, ohne im Gegenzug verletzt zu werden – irgendwie, irgendwie, irgendwann. Die einzige Angriffswaffe, die die Natur zu kennen scheint, ist der Bumerang. Die Natur bewahrt ihre Bücher bewundernswert auf; Sie notiert jeden Posten, sie schließt alle Konten endgültig ab, aber sie gleicht sie nicht immer am Ende des Monats aus. Für den Mann, der ruhig ist, liegt die Rache so weit unter seiner Würde, dass er sie nicht erreichen kann, nicht einmal durch Bücken. Wenn er verletzt ist, revanchiert er sich nicht; Er hüllt sich in die königlichen Gewänder der Ruhe und geht ruhig seines Weges.

Wenn die Hand des Todes denjenigen berührt , der uns am liebsten ist, unsere Energie lähmt und die Sonne unseres Lebens in den Schatten stellt, wird die Ruhe, die sich über viele Jahre angesammelt hat, in einem Moment zu unserer Zuflucht, unserer Reservekraft.

Die subtilste aller Versuchungen ist der *scheinbare* Erfolg der Bösen. Es erfordert moralischen Mut, ohne mit der Wimper zu zucken zu sehen, wie unehrlichen Menschen materieller Wohlstand zuteil wird. zu sehen, wie Politiker durch Betrug und Korruption zu Bekanntheit, Macht und Reichtum aufsteigen; Tugend in Lumpen und Laster in Samt zu sehen; Unwissenheit als Prämie und Wissen als Abschlag zu sehen. Für den Mann, der wirklich ruhig ist, sind diese Rätsel des Lebens nicht ansprechend. Er lebt sein Leben so gut er kann; Er kümmert sich nicht um die Probleme der Gerechtigkeit, deren Lösung der Allwissenheit überlassen werden muss.

Wenn der Mensch den Geist der Ruhe entwickelt hat, bis er so vollständig zu einem Teil von ihm wird, dass seine bloße Anwesenheit ihn ausstrahlt, hat er im Leben große Fortschritte gemacht. Ruhe kann nicht aus sich selbst heraus erlangt werden; es muss der Höhepunkt einer Reihe von Tugenden sein. Was die Welt braucht und was der Einzelne braucht, ist ein höherer Lebensstandard, ein großes Bewusstsein für die Privilegien und die Würde des Lebens, eine höhere und edlere Vorstellung von Individualität.

Mit diesem großen Gefühl der Ruhe, das einen Menschen durchdringt, ist der Mensch in der Lage, sich mehr in sich selbst zurückzuziehen, weg vom Lärm, der Verwirrung und dem Streit der Welt, die ihm nur als schwaches, weit entferntes Grollen oder als Tumult zu Ohren kommen vom Leben einer Stadt, das der Mann im Ballon nur als summendes Summen hört.

Der ruhige Mensch isoliert sich nicht selbstsüchtig von der Welt, denn er ist intensiv an allem interessiert, was das Wohlergehen der Menschheit betrifft. Seine Ruhe ist nichts weiter als ein Allerheiligstes, in das er sich *von* der Welt zurückziehen kann, um Kraft für das Leben *in* der Welt zu schöpfen. Er erkennt, dass die volle Pracht der Individualität, die Krönung seiner Selbstbeherrschung , die Majestät der Ruhe ist .

II
BEEIL DICH, DIE GEISSEL AMERIKAS

Die erste Predigt der Welt wurde bei der Schöpfung gehalten. Es war ein göttlicher Protest gegen Hurry. Es war eine göttliche Anschauungsstunde über perfektes Gesetz, perfekten Plan, perfekte Ordnung und perfekte Methode. Auf sechs Tage sorgfältig geplanter, geplanter und abgeschlossener Arbeiten folgte eine Pause. Ob wir die Geschichte wörtlich oder im übertragenen Sinne, als Bericht über aufeinanderfolgende Tage oder über Millionen von Jahren umfassende Zeitalter akzeptieren, spielt keine Rolle, wenn wir nur die Lektion lernen.

Die Natur ist sehr unamerikanisch. Die Natur hat es nie eilig. In jeder Phase ihrer Arbeit zeichnet sie sich durch Planung, Ruhe, Zuverlässigkeit und das Fehlen von Eile aus. Eile bedeutet immer, dass es an einer bestimmten Methode mangelt, dass man verwirrt ist und dass man langsam wachsen will. Der Turmbau zu Babel, der erste Wolkenkratzer der Welt, scheiterte aus Eile. Die Arbeiter verwechselten ihren arroganten Ehrgeiz mit Inspiration. Sie hatten zu viele Bauherren – und keinen Architekten. Sie dachten, das Fehlen eines Kopfes durch einen Überschuss an Händen auszugleichen. Dies ist ein Merkmal von Hurry. Es versucht immer, Energie zum Ersatz eines klar definierten Plans zu machen – das Ergebnis ist immer so hoffnungslos wie der Versuch, ein Steckenpferd durch flottes Reiten in ein echtes Ross zu verwandeln.

Eile ist eine Fälschung von Eile. Haste hat ein Ideal, ein klares Ziel, das mit den schnellsten und direkten Methoden verwirklicht werden muss. Haste hat einen einzigen Kompass, auf den sie sich als Richtung verlässt und in dessen Einklang ihr Kurs bestimmt wird. Hurry sagt: „Ich muss schneller vorankommen. Ich werde drei Kompasse bekommen; ich werde sie unterschiedlich haben; ich werde mich von allen leiten lassen. Einer von ihnen wird wahrscheinlich richtig sein." Hurry wird nie klar, dass langsame und sorgfältige Fundamentarbeiten am Ende am schnellsten sind.

Eile hat mehr Amerikaner ruiniert als jedes andere Wort im Wortschatz des Lebens. Es ist die Geißel Amerikas; und ist sowohl Ursache als auch Folge unserer Hochdruckzivilisation. Hurry unternimmt geschickt so viele Tarnungen, dass seine Identität nicht immer erkannt wird.

Hurry zahlt immer den höchsten Preis für alles und die Ware wird meist nicht geliefert. Im Wettlauf um Reichtum opfern Männer oft Zeit, Energie, Gesundheit, Zuhause, Glück und Ehre – alles, was man mit Geld nicht kaufen kann, genau die Dinge, die man mit Geld niemals zurückbringen kann. Eile ist ein Phantom der Paradoxien. In ihrem Wunsch, für das zukünftige Glück ihrer Familie zu sorgen, opfern Geschäftsleute oft das gegenwärtige Glück ihrer Frau und ihrer Kinder auf dem Altar der Eile. Sie vergessen, dass ihr Platz im Haus etwas Größeres sein sollte, als nur „der Mann zu sein, der die Rechnungen bezahlt"; Sie erwarten Rücksichtnahme und Rücksichtnahme, die sie nicht geben.

Wir hören zu viel von den Pflichten einer Frau gegenüber ihrem Ehemann und zu wenig von der anderen Seite der Frage. „Die Frau", sagen sie uns, „sollte ihrem Mann mit einem Lächeln und einem Kuss begegnen, taktvoll auf seine Stimmungen achten und stets freundlich und strahlend sein." Warum dieses ständige Schwenken des Räuchergefäßes der Hingabe an den Geschäftsmann? Warum sollte eine Frau mit schüchternem Blick in das Gesicht ihres Mannes blicken müssen, um „seine Stimmung einzuschätzen"? War nicht auch ihr Tag von Fürsorge, Verantwortung und Wachsamkeit geprägt? Hat sich die Mutterliebe nicht mit verwirrenden Problemen und Sorgen im Zusammenhang mit der Familie und der Erziehung der Kinder beschäftigt, deren Lösung die eheliche Liebe im Verborgenen zu suchen sucht? Ist der Mann also das schwächere Geschlecht, das er verwöhnen und so zärtlich behandeln muss wie ein Furunkel, der versucht, den Kontakt mit der Welt zu verhindern?

In ihrer Eile, einen Ehrgeiz zu erreichen und den Traum eines Lebens zu verwirklichen, werfen Männer oft Ehre, Wahrheit und Großzügigkeit in den Wind. Politiker wagen es, tatenlos zuzusehen, wie eine Stadt mit verdorbenem Wasser vergiftet wird, bis sie bei der Bewilligung eines Wasserwerks „sehen, wo sie reinkommen". Wenn es notwendig ist, eine Armee zu vergiften, ist auch das nur ein Zwischenfall im Streben nach Reichtum.

Dies ist das Zeitalter des Treibhauses. Das Element des natürlichen Wachstums wird beiseite geschoben und das Treibhaus und die Kraftpumpe werden ersetzt. Die Natur sieht tolerant zu, wenn sie sagt: „So weit könnt ihr gehen, aber nicht weiter, meine törichten Kinder."

Das heutige Bildungssystem ist eine monumentale Institution, die Hurry gewidmet ist. Die Kinder werden gezwungen, eine Reihe von Studien zu absolvieren, die den Kreis aller menschlichen Weisheiten abdecken. Ihnen wird alles gegeben, was die ehrgeizige Unwissenheit der Zeit ihnen aufzwingen kann; Ihnen wird alles beigebracht, außer das Wesentliche: wie man seine Sinne nutzt und wie man denkt. Ihre Gedanken werden durch eine große Menge unverdauter Tatsachen verstopft, und die grausame, barbarische Zwangsarbeit geht weiter. Du schaust es dir an, bis es so aussieht, als könntest du es keinen Moment länger aushalten, und instinktiv streckest du deine Hand aus und sagst: „Stopp! Dieses moderne Massaker an Unschuldigen darf *nicht* weitergehen!" Education lächelt höflich, wedelt selbstgefällig mit der Hand in Richtung der Tausenden von Wissensgefängnissen im ganzen Land und sagt: „Wer bist du, der es wagt, ein Wort gegen unser heiliges Schulsystem zu sagen?" Die Bildung hat es eilig. Da es ihr in fünfzehn Jahren nicht gelingt, das zu tun, was die Hälfte der Zeit mit besseren Methoden erreichen sollte, sollte sie nicht zu prahlerisch sein. Inkompetenz ist nicht immer ein Grund zum Stolz. Und sie drängen die Kinder in hundert Lehrbücher, dann in die Krankheit, dann in die Hochschulen, dann in ein Diplom, dann ins Leben – mit einem benommenen Geist, untrainiert und ungeeignet für die wirklichen Pflichten des Lebens.

Eile ist der Todesstoß für Ruhe, Würde und Ausgeglichenheit. Die Höflichkeit der alten Zeit verschwand, als die Eile der neuen Zeit Einzug hielt. Eile ist der Vater der Dyspepsie. In der Hektik unseres nationalen Lebens ist das Verschlingen von Nahrungsmitteln zu einem nationalen Laster geworden. Die Worte „Schnelles Mittagessen" könnten zu Recht auf Tausenden von Grabsteinen auf unseren Friedhöfen stehen . Der Mensch vergisst, dass er das einzige Tier ist, das isst; die anderen fressen nur. Warum hebt er sein Recht auf Essen auf und geht mit den bloßen Fressern bis ans Ende der Reihe? Sein Magen, der etwas auf sich hält, rebelliert und drückt seine Empörung durch Verdauungsstörungen aus. Dann muss der Mensch mit einem Fläschchen Pepsintabletten in der Westentasche durchs Leben gehen. Er ist nur ein weiteres Opfer dieses Geschwindigkeitswahns. Eile bedeutet Nervenzusammenbruch. Es ist der Königsweg zur nervösen Erschöpfung.

Alles, was im Leben großartig ist, ist das Produkt langsamen Wachstums; Je neuer, größer, höher und edler das Werk, desto langsamer wächst es, desto sicherer ist sein dauerhafter Erfolg. Pilze entfalten ihre volle Kraft in einer Nacht; Eichen brauchen Jahrzehnte. Eine Modeerscheinung erlebt ihr Leben in ein paar Wochen; Eine Philosophie lebt über Generationen und Jahrhunderte hinweg. Wenn Sie sicher sind, dass Sie Recht haben, lassen Sie sich nicht einen Moment lang von der Stimme der Welt, Ihrer Freunde oder Ihrer Familie von Ihrem Ziel abbringen. Akzeptieren Sie langsames Wachstum, wenn es langsam sein muss, und wissen Sie, dass die Ergebnisse kommen *müssen* , so wie Sie die langen, einsamen Stunden der Nacht akzeptieren würden – mit der absoluten Gewissheit, dass die schwer belasteten Momente den Morgen bringen *müssen* .

Verbannen wir als Einzelne das Wort „Beeilen Sie sich" aus unserem Leben. Sorgen wir uns um nichts so sehr, dass wir Ehre und Selbstachtung als den Preis für die Eile bezahlen würden. Lasst uns Ruhe, Ausgeglichenheit, Ausgeglichenheit und Freundlichkeit kultivieren – indem wir unser Bestes geben und alles so tapfer ertragen, wie wir können; Wir leben unser Leben ungestört vom Wohlstand der Bösen oder der Bosheit der Neider. Seien wir nicht ungeduldig, ärgern wir uns über Verzögerungen, machen wir uns keine

Sorgen über Misserfolge, sind wir übermüdet über Ergebnisse und werden wir unter Widerstand schwächer. Lasst uns immer mit Zuversicht und Vertrauen in die Zukunft blicken, mit der Ruhe eines Lebens im Einklang mit sich selbst, treu zu seinen Idealen und langsam und stetig auf dem Weg zu ihrer Verwirklichung.

Sehen wir uns das feige Wort „Eile" in all seinen degenerierenden Phasen an, sehen wir, dass es jemals Wahrheit, Loyalität und Gründlichkeit tötet; und lasst uns beschließen, dass wir Tag für Tag immer mehr danach streben werden, es durch die Ruhe und Ruhe eines wahren, edel gelebten Lebens zu ersetzen.

III
Die Macht des persönlichen Einflusses

Die einzige Verantwortung, der sich ein Mensch in diesem Leben nicht entziehen kann, ist die, an die er am wenigsten denkt: sein persönlicher Einfluss. Der bewusste Einfluss des Menschen, wenn er an einer Parade teilnimmt, wenn er posiert, um die Menschen um ihn herum zu beeindrucken, ist erbärmlich gering. Aber sein unbewusster Einfluss, die stille, subtile Ausstrahlung seiner Persönlichkeit, die Wirkung seiner Worte und Taten, die Kleinigkeiten, an die er nie denkt – sind enorm. In jedem Moment seines Lebens verändert er in gewissem Maße das Leben der ganzen Welt. Jeder Mensch hat eine Atmosphäre, die jeden anderen beeinflusst. Dieser Einfluss wirkt so still und unbewusst, dass der Mensch vielleicht vergisst, dass er existiert.

Alle Kräfte der Natur – Wärme, Licht, Elektrizität und Gravitation – sind still und unsichtbar. Wir *sehen* sie nie; Wir wissen nur, dass sie existieren, indem wir die Wirkungen sehen, die sie hervorrufen. In der gesamten Natur sind die Wunder des „Sichtbaren" im Vergleich zur Majestät und Herrlichkeit des „Unsichtbaren" bedeutungslos. Die große Sonne selbst liefert nicht genügend Wärme und Licht, um das tierische und pflanzliche Leben auf der Erde zu erhalten. Wir sind für fast die Hälfte unseres Lichts und unserer Wärme von den Sternen abhängig, und der größte Teil dieser Versorgung mit lebensspendender Energie kommt von *unsichtbaren* Sternen, die Millionen von Kilometern von der Erde entfernt sind. Auf tausend Arten versucht die Natur ständig, den Menschen zu einer schärferen und tieferen Erkenntnis der Macht und des Wunders des Unsichtbaren zu führen.

In die Hände jedes Einzelnen wird eine wunderbare Macht zum Guten oder zum Bösen gegeben – der stille, unbewusste, unsichtbare Einfluss seines Lebens. Das ist einfach die ständige Ausstrahlung dessen, was ein Mensch wirklich *ist* , nicht das, was er zu sein vorgibt. Jeder Mensch strahlt allein durch sein Leben Mitgefühl, Trauer, Morbidität , Zynismus, Glück, Hoffnung oder eine von hundert anderen Eigenschaften aus. Das Leben ist ein Zustand ständiger Strahlung und Absorption; existieren heißt ausstrahlen; Existieren bedeutet, Strahlungsempfänger zu sein.

Es gibt Männer und Frauen, deren Anwesenheit Sonnenschein, Fröhlichkeit und Optimismus auszustrahlen scheint. Sie fühlen sich in einem Moment beruhigt und ausgeruht und kehren zu einem neuen und stärkeren Glauben an die Menschheit zurück. Es gibt andere, die in einem Augenblick all Ihr latentes Misstrauen, Ihre Morbidität und Ihre Rebellion gegen das Leben in den Fokus rücken. Ohne zu wissen warum, ärgerst du dich und ärgerst dich in ihrer Gegenwart. Sie verlieren den Überblick über das Leben und seine

Probleme. Ihr moralischer Kompass ist gestört und unbefriedigend. Es wird augenblicklich unwahr, da die Magnetnadel eines Schiffes abgelenkt wird, wenn es an großen Eisenerzbergen vorbeifährt.

Es gibt Männer, die wie Eisberge den Strom des Lebens hinabtreiben – kalt, zurückhaltend, unnahbar und in sich geschlossen. In ihrer Gegenwart ziehst du unwillkürlich deine Umhänge enger um dich, während du dich fragst, wer die Tür offen gelassen hat. Diese gekühlten Menschen üben eine höchst deprimierende Wirkung auf alle aus, die in den Bann ihrer ausgestrahlten Kälte geraten. Aber es gibt andere Naturen, warmherzig, hilfsbereit, freundlich, die wie der Golfstrom ihrem eigenen Lauf folgen und unerschrocken und unbeirrt im Ozean kälterer Gewässer fließen. Ihre Anwesenheit bringt Wärme und Leben und den Glanz des Sonnenscheins, den freudigen, anregenden Atem des Frühlings. Es gibt Männer, die an Malaria leiden Sümpfe – giftig, deprimierend und schwächend durch ihre bloße Anwesenheit. Sie machen die Atmosphäre in ihren eigenen vier Wänden schwer, bedrückend und düster; Der Klang des Kinderspiels verstummt, die Wellen des Lachens werden durch ihre Anwesenheit eingefroren. Sie gehen durchs Leben, als wäre jeder Tag eine neue große Beerdigung, und sie waren immer die Haupttrauernden. Es gibt andere Männer, die wie das Meer wirken; Sie beleben ständig, stimulieren und verleihen durch ihre bloße Anwesenheit neue Impulse tonischen Lebens und Kraft.

Es gibt Männer, die von Herzen unaufrichtig sind, und diese Unaufrichtigkeit strahlt ihre Anwesenheit aus. Sie haben ein wunderbares Interesse an Ihrem Wohlergehen, wenn sie Sie brauchen. Sie setzen so plötzlich, wenn es ihrem Zweck dient, ein „eigenes" Lächeln auf, dass es den Anschein hat, als ob das Lächeln mit einem in ihrer Kleidung verborgenen elektrischen Knopf zusammenhängt. Ihre Stimme hat eine simulierte Herzlichkeit, die durch langes Training fast natürlich geworden sein könnte. Aber sie spielen ihre Rolle nie absolut wahr, die Maske *rutscht* manchmal herunter; ihre Klugheit kann ihren Augen nicht den Ausdruck echter Ehrlichkeit beibringen; Sie können einige Menschen täuschen, aber sie können nicht alle täuschen. Es gibt eine subtile Offenbarungskraft, die uns sagen lässt: „Nun, ich kann nicht erklären, wie es ist, aber ich weiß, dass der Mensch nicht ehrlich ist."

Dieser Ausstrahlung seines Charakters, dieser ständigen Schwächung oder Stärkung anderer kann sich der Mensch nicht einen Augenblick entziehen. Er kann sich der Verantwortung nicht entziehen, indem er sagt, es handele sich um einen unbewussten Einfluss. Er kann die Qualitäten *auswählen* , die er ausstrahlen lässt. Er kann Sanftheit, Ruhe, Vertrauen, Großzügigkeit, Wahrheit, Gerechtigkeit, Loyalität und Adel kultivieren – sie in seinem Charakter lebenswichtig wirken lassen – und durch diese Eigenschaften wird er ständig Einfluss auf die Welt nehmen.

Ehrliche Seelen, die versuchen, so gut wie möglich zu leben, werden oft entmutigt, weil sie denken, dass sie so wenig Gutes auf der Welt tun. Von uns unbeachtete Kleinigkeiten können Glieder in der Kette eines großen Ziels sein. Im Jahr 1797 schrieb William Godwin „The Inquirer", eine Sammlung revolutionärer Essays über Moral und Politik. Dieses Buch beeinflusste Thomas Malthus, seinen Essay über die Bevölkerung zu schreiben, der 1798 veröffentlicht wurde. Malthus' Buch legte Charles Darwin einen Standpunkt nahe, dem er viele Jahre seines Lebens widmete, was 1859 zur Veröffentlichung von „The Origin of Species" führte ,-- das einflussreichste Buch des neunzehnten Jahrhunderts, ein Buch, das die gesamte Wissenschaft revolutioniert hat. Dies waren nur drei Einflussverbindungen, die sich über sechzig Jahre erstreckten. Es könnte möglich sein, diese Genealogie des Einflusses von Godwin über Generationen hinweg bis zum Wort oder der Tat eines Hirten im frühen Großbritannien zurückzuverfolgen, der seine Herde auf den Hügeln beobachtete, sein ruhiges Leben führte und mit dem Gedanken starb, dass er hatte nichts getan, um der Welt zu helfen.

Männer und Frauen haben Pflichten gegenüber anderen – und Pflichten gegenüber sich selbst. Um uns selbst gerecht zu werden, sollten wir es ablehnen, in einer Atmosphäre zu leben, die uns davon abhält, unser Bestes zu geben. Wenn der Fehler bei uns liegt, sollten wir ihn meistern. Wenn es der persönliche Einfluss anderer ist, der wie ein schädlicher Dampf unsere besten Impulse tötet, sollten wir uns von diesem Einfluss entfernen – wenn wir uns *überhaupt* bewegen können, ohne Pflichten aufzugeben. Wenn es falsch ist, sich zu bewegen, dann sollten wir starke Dosen moralisches Chinin einnehmen, um der Malaria des Einflusses entgegenzuwirken. Es zählt nicht, was die Menschen um uns herum für uns *tun* , sondern was sie für uns *sind* . Wir tragen unsere Zimmerpflanzen von einem Fenster zum anderen, um ihnen die richtige Wärme, Licht, Luft und Feuchtigkeit zu geben. Sollten wir nicht mindestens genauso vorsichtig mit uns selbst sein?

Um unseren Einfluss spürbar zu machen, müssen wir unseren Glauben leben, wir müssen praktizieren, was wir glauben. Ein Magnet zieht Eisen nicht an, da Eisen. Es muss das Eisen zunächst in einen anderen Magneten umwandeln, bevor es es anziehen kann. Für Eltern ist es sinnlos, ihren Kindern Sanftmut beizubringen, wenn sie selbst verärgert und gereizt sind. Das Kind, dem gesagt wird, es solle ehrlich sein, und das seine Eltern geschickt lügen hört, um einer kleinen sozialen Unannehmlichkeit zu entgehen, wird nicht sehr eifrig an der Wahrheit festhalten. Die Worte der Eltern sagen: „Lüge nicht", der Einfluss des Lebens der Eltern sagt: „Lüge." Kein Mensch kann sich jemals isolieren, um sich dieser ständigen Macht des Einflusses zu entziehen, so wie kein einzelnes Körperchen rebellieren und dem allgemeinen Verlauf des Blutes entkommen kann. Kein Individuum ist so unbedeutend, dass es keinen Einfluss hat. Die Veränderungen unserer unterschiedlichen Stimmungen werden alle in den empfindlichen Barometern des Lebens anderer aufgezeichnet. Wir sollten unseren Einfluss jemals durch menschliche Liebe und Mitgefühl durchdringen lassen. Wir sollten nicht nur ein Einfluss sein, wir sollten eine Inspiration sein. Allein durch unsere Anwesenheit sollten wir den hungernden Menschenseelen um uns herum ein Turm der Stärke sein.

IV
DIE WÜRDE DER EIGENSTÄNDIGKEIT

Selbstvertrauen ohne Selbstvertrauen ist genauso nutzlos wie ein Kochrezept – ohne Essen. Selbstvertrauen sieht die Möglichkeiten des Einzelnen; Eigenständigkeit verwirklicht sie. Selbstvertrauen sieht den Engel im unbehauenen Marmorblock; Eigenständigkeit schafft es für sich selbst.

Der Mann, der selbstständig ist, sagt immer: „Niemand außer mir kann meine Möglichkeiten für mich verwirklichen; niemand außer mir selbst kann mich gut oder böse machen." Er arbeitet an seiner eigenen Erlösung – finanziell, sozial, geistig, körperlich und moralisch. Das Leben ist ein individuelles Problem, das der Mensch selbst lösen muss. Die Natur akzeptiert kein stellvertretendes Opfer, keinen stellvertretenden Dienst. Die Natur erkennt niemals eine Stimmrechtsvertretung an. Sie hat nichts mit Mittelsmännern zu tun , sie beschäftigt sich nur mit dem Einzelnen. Die Natur versucht dem Menschen ständig zu zeigen, dass er sein eigener bester Freund oder sein eigener schlimmster Feind ist. Die Natur gibt dem Menschen die Möglichkeit, auf sich selbst zu stehen.

Alle sportlichen Übungen der Welt haben für den Einzelnen keinen Wert, es sei denn, er zwingt die Langhanteln und Hanteln dazu, ihm in Kraft und Muskeln die Leistung zu überlassen, für die er selbst mit Zeit und Mühe bezahlt. Er kann seine Muskeln nie dadurch entwickeln, dass er seinen Diener in eine Turnhalle schickt.

Die Medizinkästen der Welt sind bei all ihren vereinten Anstrengungen machtlos, dem Einzelnen zu helfen, bis er die Hand ausstreckt und sich selbst das nimmt, was für seine individuelle Schwäche benötigt wird.

Alle Religionen der Welt sind nur moralische Spekulationen, bloße Heilstheorien, bis der Einzelne erkennt, dass er sich selbst retten muss, indem er sich auf das Gesetz der Wahrheit, wie er es sieht, verlässt und sein Leben in völliger Harmonie damit lebt wie er kann. Aber Religion ist kein Pullman-Auto mit weich gepolsterten Sitzen, bei dem er nur sein Ticket bezahlen muss – und den Rest erledigt jemand anders. In der Religion, wie auch in allen anderen großen Dingen, wird er immer wieder auf seine Selbstständigkeit zurückgeworfen. Er sollte jede Hilfe annehmen, aber er muss sein eigenes Leben führen. Er sollte nicht das Gefühl haben, nur ein Passagier zu sein; er ist der Lokführer und der Zug ist sein Leben. Wir müssen uns auf uns selbst verlassen, unser eigenes Leben führen, oder wir treiben einfach durch die Existenz und verlieren alles, was am besten, alles, was großartig ist, alles, was göttlich ist.

Alles, was andere für uns tun können, ist, uns Chancen zu geben. Wir müssen immer auf die Gelegenheit vorbereitet sein, wenn sie sich bietet, und ihr nachgehen und sie finden, wenn sie nicht kommt oder diese Gelegenheit für uns nichts bedeutet. Das Leben ist nur eine Abfolge von Möglichkeiten. Sie sind zum Guten oder zum Bösen – je nachdem, wie wir sie erschaffen.

Viele der alten Alchemisten hatten das Gefühl, dass ihnen nur ein Element fehlte; Wenn sie dieses erhalten könnten, glaubten sie, die unedleren Metalle in reines Gold umwandeln zu können. Es liegt so im Charakter. Es gibt Menschen mit seltenen geistigen Gaben und einem empfindlichen spirituellen Urteilsvermögen, die im Leben völlig versagen, weil ihnen das eine Element fehlt: Selbstvertrauen. Dies würde all ihre Energien vereinen und sie in Stärke und Macht bündeln.

Der Mann, der nicht selbstständig ist, ist schwach, zögert und zweifelt bei allem, was er tut. Er fürchtet sich vor einem entscheidenden Schritt, weil er das Scheitern fürchtet, weil er darauf wartet, dass ihm jemand Rat gibt, oder weil er es nicht wagt, nach bestem Wissen und Gewissen zu handeln. In seiner Feigheit und seiner Einbildung sieht er, dass sein gesamter Misserfolg anderen zu verdanken ist. Er wird „nicht geschätzt“, „nicht anerkannt“, er wird „unterdrückt“. Er hat das Gefühl, dass sich die Gesellschaft auf subtile Weise „gegen ihn verschworen“ habe. Er wird fast eitel, weil er denkt, dass niemand so viel Armut, so viel Kummer, so viel Leid und so viel Versagen erlebt hat wie er.

Der Mensch, der selbstständig ist, strebt stets danach, die Schwäche in ihm zu entdecken und zu überwinden, die ihn davon abhält, das zu erreichen, was ihm am Herzen liegt; Er sucht in sich selbst die Kraft, gegen alle äußeren Einflüsse zu kämpfen. Er ist sich bewusst, dass die größten Männer der Geschichte in jeder Phase der menschlichen Anstrengung diejenigen waren, die gegen die Gefahren von Krankheit, Leid und Kummer kämpfen mussten. Für ihn ist eine Niederlage nichts anderes als für einen Reisenden das Durchqueren eines Tunnels – er weiß, dass er wieder ins Sonnenlicht treten muss.

Die Nation, die am stärksten ist, ist diejenige, die am meisten auf sich selbst angewiesen ist, diejenige, die innerhalb ihrer Grenzen alles enthält, was ihre Bevölkerung braucht. Wenn es trotz blockierter Häfen nicht über die lebensnotwendigen Dinge und die Elemente für seinen kontinuierlichen Fortschritt verfügt , dann ist es schwach, wird vom Feind gehalten und es ist nur eine Frage der Zeit, bis es kapitulieren muss. Seine Unabhängigkeit steht im Verhältnis zu seiner Eigenständigkeit, zu seiner Fähigkeit, sich von innen heraus zu erhalten. Was für Nationen gilt, gilt auch für Einzelpersonen. Die Geschichte der Nationen ist nichts weiter als die Biographie von Individuen, vergrößert, intensiviert, vervielfacht und auf die Leinwand der Vergangenheit projiziert. Geschichte ist die Biographie einer Nation; Biografie ist die Geschichte einer Person. Es muss also so sein, dass der Mensch, der in jeder Prüfung, jedem Kummer oder jeder Not am stärksten ist, derjenige ist, der aus seiner inhärenten Stärke leben kann und der kein Gerüst alltäglicher Sympathie braucht, um ihn zu unterstützen. Er muss stets selbstständig sein.

Der Reichtum und Wohlstand des antiken Roms, das sich darauf verließ, dass seine Sklaven die eigentliche Arbeit der Nation verrichteten, bewies den Untergang der Nation. Die ständige Abhängigkeit von den Kriegsgefangenen, die die tausend Details des Lebens für sie erledigen mussten, zerstörte die Eigenständigkeit der Nation und des Einzelnen. Dann wurde Rom, eine Nation von Kämpfern, durch die geschwächte Eigenständigkeit und die damit verbundene zunehmende Möglichkeit zu müßigem, luxuriösem Komfort – eine Nation von Männern, die weiblicher waren als Frauen. Da wir darauf angewiesen sind, dass andere die Dinge tun, die wir selbst tun sollten, schwächt sich unser Selbstvertrauen ab und unsere Kräfte und unsere Kontrolle darüber werden immer geringer.

der Mensch selbstständig sein. Auch wenn er es vielleicht nicht in allen Dingen ist, muss er in dem, in dem er großartig sein möchte, selbstständig sein. Dieses Selbstvertrauen ist nicht die Selbstgenügsamkeit der Einbildung. Es ist gewagt, alleine zu stehen. Sei eine Eiche, kein Weinstock. Seien Sie bereit, Unterstützung zu geben, aber verlangen Sie nicht danach; sei nicht davon abhängig. Um Ihr wahres Selbstvertrauen zu entwickeln, müssen Sie von Anfang an erkennen, dass das Leben ein Kampf ist, den Sie für sich selbst kämpfen müssen – Sie müssen Ihr eigener Soldat sein. Sie können keinen Ersatz kaufen, Sie können keinen Aufschub erhalten, Sie können niemals auf die Ruhestandsliste gesetzt werden. Die Ruhestandsliste des Lebens ist – der Tod. Die Welt ist mit ihren eigenen Sorgen, Sorgen und Freuden beschäftigt und schenkt Ihnen wenig Beachtung. Es gibt nur ein gutes Schlüsselwort für den Erfolg: Selbstvertrauen.

Wenn Sie lernen möchten, sich zu unterhalten, versetzen Sie sich in eine Position, in der Sie sprechen *müssen* . Wenn Sie Ihre Morbidität überwinden möchten , mischen Sie sich unter die klugen Menschen um Sie herum, egal wie schwierig es sein mag. Wenn Sie sich die Macht wünschen, die jemand anderes besitzt , beneiden Sie ihn nicht um seine Stärke und vergeuden Sie Ihre Energie, indem Sie sich schwach wünschen, seine Kraft wäre Ihre. Machen Sie den Prozess nach, durch den es zu seinem wurde, verlassen Sie sich auf Ihre Eigenständigkeit, zahlen Sie den Preis dafür, und vielleicht gehört Ihnen die gleiche Macht. Der Einzelne muss sich selbst als eine Investition mit ungeahnten Möglichkeiten betrachten, wenn er richtig entwickelt wird – als eine Mine, deren Ressourcen nur dadurch entdeckt werden können, dass man hineingeht und das Verborgene ans Tageslicht bringt.

Der Mensch kann seine Selbstständigkeit entwickeln, indem er ständig danach strebt, über sich selbst hinauszuwachsen. Wir versuchen zu sehr, andere zu übertreffen. Wenn wir jemals danach streben, über uns selbst hinauszuwachsen, bewegen wir uns auf einer einheitlichen Fortschrittslinie, die unserem Wachstum in all seinen Teilen eine harmonische Einheit verleiht. Daniel Morrell, einst Präsident der Cambria Rail Works, die 7.000 Mitarbeiter beschäftigte und einer Eisenbahn weltweite Berühmtheit verschaffte, wurde nach dem Geheimnis des großen Erfolgs der Arbeiten gefragt. „Wir haben kein Geheimnis", sagte er, „aber dieses – wir versuchen immer, unsere letzte Ladung Schienen zu schlagen." Wettbewerb ist gut, aber er hat auch Gefahren. Es besteht die Tendenz, den wahren Wert dem bloßen Schein zu opfern und eher den Schein als die Realität zu haben. Aber der wahre Wettbewerb ist der Wettbewerb des Einzelnen mit sich selbst – seine Gegenwart versucht, seine Vergangenheit zu übertreffen. Das bedeutet echtes Wachstum von innen heraus. Eigenständigkeit entwickelt es, und es entwickelt Eigenständigkeit. Lassen Sie den Einzelnen so seine eigenen Fortschritte und Möglichkeiten spüren, und er kann sein Leben fast so gestalten, wie er möchte. Möge er angesichts von Gefahren und Sorgen aus der Ferne niemals in Verzweiflung verfallen; Sie können harmlos sein, wie Bunyans Steinlöwen, wenn er sich ihnen nähert.

Der Mann, der selbstständig ist, lebt nicht im Schatten der Größe eines anderen ; er denkt für sich selbst, ist auf sich selbst angewiesen und handelt für sich. Indem man den Einzelnen auf diese Weise auf sich selbst zurückwirft, verschließt er seine Augen nicht vor dem Reiz, dem Licht und dem neuen Leben, die mit dem warmen Druck der Hand, dem freundlichen Wort und den aufrichtigen Ausdrucksformen wahrer Freundschaft einhergehen. Aber wahre Freundschaft ist selten; Sein großer Wert ist in einer Krise – wie ein Rettungsboot. So mancher gepriesene Freund hat sich als undichtes, wertloses „Rettungsboot" erwiesen, wenn der Sturm des Unglücks ihn nützlich machen könnte. In diesen großen Krisen des Lebens ist der Mensch nur stark, wenn er von innen heraus stark ist, und je mehr er sich auf sich selbst verlässt, desto stärker wird er und desto besser wird er in der Lage sein, anderen in der Stunde ihrer Not zu helfen. Sein ganzes Leben wird für andere eine ständige Hilfe und Stärke sein, während er für sie zu einer lebendigen Lektion über die Würde der Eigenständigkeit wird.

V
SCHEITERN ALS ERFOLG

Es erfordert oft heroischen Mut, vergeblichen Anstrengungen entgegenzutreten, die zerbrochenen Stränge eines Lebenswerks wieder aufzunehmen, mutig in die Zukunft zu blicken und unerschrocken seinen Weg fortzusetzen. Doch was in unseren Augen wie ein hoffnungsloser Misserfolg erscheinen mag, ist oft nur der Beginn eines größeren Erfolgs. Es kann in seinen Trümmern das Grundmaterial eines mächtigen Zwecks oder die Offenbarung neuer und höherer Möglichkeiten enthalten .

Vor einigen Jahren wurde vorgeschlagen, Protokolle mithilfe einer neuen Methode von Kanada nach New York zu versenden. Der geniale Plan von Herrn Joggins bestand darin, große Baumstämme mit Kabeln und Eisenträgern zusammenzubinden und die Ladung als Floß zu schleppen. Als sich das neuartige Schiff New York näherte und der Erfolg gesichert schien, erhob sich ein schrecklicher Sturm. In der Heftigkeit des Sturms zerbrachen die Eisenbänder wie Eiszapfen, und die wütenden Wassermassen trieben die Baumstämme weit und breit weg. Der Leiter der hydrografischen Abteilung in Washington hörte vom Scheitern des Experiments und schickte sofort eine Nachricht an Schiffsführer auf der ganzen Welt, in der er sie dringend aufforderte, sorgfältig auf die von ihm beschriebenen Protokolle zu achten; und den genauen Standort jedes einzelnen in Breiten- und Längengrad sowie den Zeitpunkt der Beobachtung zu notieren.

Hunderte von Kapitänen, die über die Gewässer der Erde segelten, bemerkten die Baumstämme im Atlantischen Ozean, im Mittelmeer, in der Südsee – denn in alle Gewässer reisten diese Wagemutigen . Es wurden Hunderte von Berichten erstellt, die sich über einen Zeitraum von Wochen und Monaten erstreckten. Diese Beobachtungen wurden dann sorgfältig zusammengestellt, systematisiert und tabelliert, und es wurden Entdeckungen über den Verlauf der Meeresströmungen gemacht, die sonst unmöglich gewesen wären. Der Verlust des Joggins- Floßes war kein wirklicher Misserfolg, denn er führte zu einer der größten Entdeckungen in der modernen Meeresgeographie und Navigation.

In unserem überlegenen Wissen sind wir geneigt, in gönnerhaftem Ton über die Torheiten der alten Alchemisten zu sprechen. Aber ihr Scheitern, die unedlen Metalle in Gold umzuwandeln, führte zur Geburt der Chemie. Ihr Versuch gelang ihnen nicht, aber sie brachten die natürlichen Prozesse der Sublimation, Filtration, Destillation und Kristallisation in Mode; Sie erfanden den Destillierkolben, die Retorte, das Sandbad, das Wasserbad und andere wertvolle Instrumente. Ihnen ist die Entdeckung von Antimon, Schwefeläther und Phosphor, die Kupellierung von Gold und Silber, die

Bestimmung der Eigenschaften von Salpeter und seiner Verwendung in Schießpulver sowie die Entdeckung der Destillation ätherischer Öle zu verdanken. Dies war der Erfolg des Scheiterns, ein wundersamer Prozess der Natur für höchstes Wachstum – eine mächtige Lektion des Trostes, der Stärke und der Ermutigung, wenn der Mensch sie nur erkennen und akzeptieren würde.

Viele unserer Misserfolge führen uns zu größeren Erfolgshöhen, als wir es uns jemals in unseren kühnsten Träumen erhofft hätten. Das Leben ist eine sukzessive Entwicklung von Erfolg und Misserfolg. Bei der Entdeckung Amerikas ist Kolumbus völlig gescheitert. Seine genialen Überlegungen und Experimente ließen ihn glauben, dass er Indien erreichen würde, wenn er nach Westen segelte. Jeder Redman in Amerika trägt in seinem Namen „Indian", die Erinnerung an das Scheitern von Kolumbus fortführend. Der genuesische Seefahrer erreichte Indien nicht; Die Ladung „Souvenirs", die er nach Spanien mitnahm, um sie Ferdinand und Isabella als Beweis für seinen Erfolg zu zeigen, war ein echter Beweis für sein Scheitern. Aber die Entdeckung Amerikas war ein größerer Erfolg als die Entdeckung einer „Hintertür" nach Indien.

Als David Livingstone seine theologische Ausbildung durch ein Medizinstudium ergänzt hatte, war er bereit, in den Missionarbereich einzusteigen. Über drei Jahre lang hatte er unermüdlich studiert und alle Energie auf ein Ziel konzentriert: die Verbreitung des Evangeliums in China. Es kam die Stunde, in der er bereit war, mit edler Begeisterung für sein gewähltes Werk anzutreten, sich und sein Leben seinem selbstlosen Ehrgeiz zu weihen. Dann kam die Nachricht aus China, dass der „Opiumkrieg" den Versuch, in das Land einzudringen, zur Torheit machen würde. Enttäuschung und Misserfolg ließen ihn nicht lange einschüchtern; er bot sich als Missionar nach Afrika an – und er wurde angenommen. Sein glorreiches Scheitern, China zu erreichen, öffnete einen ganzen Kontinent für Licht und Wahrheit. Sein Studium erwies sich als ideale Vorbereitung für seine Arbeit als Arzt, Entdecker, Lehrer und Evangelist in der Wildnis Afrikas.

Geschäftliche Misserfolge und das Scheitern seines Partners lasteten auf den breiten Schultern und der noch größeren Ehre und Ehrlichkeit von Sir Walter Scott eine Last der Verantwortung, die ihn zum Schreiben zwang. Der Misserfolg spornte ihn zu fast übermenschlichen Anstrengungen an. Die Meisterwerke schottischer historischer Belletristik, die Millionen seiner Mitmenschen begeistert, unterhalten und emporgehoben haben, sind ein glorreiches Denkmal auf dem Feld eines scheinbaren Scheiterns.

Als Millet, der Maler des „Angelus", an seinem fast göttlichen Gemälde arbeitete, auf dem die Luft von der regenerierenden Essenz spiritueller

Ehrfurcht zu pulsieren scheint, malte er gegen die Zeit, er war ein Gegenmittel zum Kummer, er kämpfte gegen den Tod. Seine Pinselstriche, die er in den frühen Morgenstunden auftrug, bevor er seinen niederen Pflichten als Eisenbahnträger nachging, in der Dämmerung, wie sie auf seiner Leinwand verewigt waren, bedeuteten Kraft, Nahrung und Medizin für die sterbende Frau, die er verehrte. Das Kunstversagen, das ihn in die Tiefen der Armut stürzte, vereinte mit wunderbarer Intensität alle feineren Elemente seiner Natur. Diese seltene spirituelle Einheit, diese Reinigung von allem Abfall der Trivialität, während er durch den Ofen der Armut, der Prüfung und des Kummers ging, gaben seinem Pinsel Beredsamkeit und ermöglichten ihm, wie nie zuvor zu malen – wie kein Wohlstand es möglich gemacht hätte

.

Das Scheitern ist oft der Wendepunkt, der Dreh- und Angelpunkt der Umstände, der uns auf höhere Ebenen katapultiert. Es ist vielleicht kein finanzieller Erfolg, es ist vielleicht kein Ruhm; Es können neue Entwürfe spiritueller, moralischer oder mentaler Inspiration sein, die uns für alle späteren Jahre unseres Lebens verändern werden. Das Leben ist nicht wirklich das, was zu uns kommt, sondern das, was wir daraus bekommen.

Ob der Mensch Reichtum oder Armut, Misserfolg oder Erfolg hatte, zählt in der Vergangenheit kaum noch. Es gibt nur eine Frage, die er als Einzelperson, allein mit seinem Gewissen und seinem Schicksal, mutig und ehrlich beantworten muss:

„Wie soll ich zulassen, dass sich Armut oder Reichtum auf mich auswirken? Wenn mich diese Prüfung oder Entbehrung besser, wahrer, edler gemacht hat, dann – Armut war Reichtum, Scheitern war ein Erfolg. Wenn Reichtum zu mir gekommen ist und gemacht hat." Ich bin eitel, arrogant, verächtlich, lieblos, zynisch, verschließe mir alle Zärtlichkeiten des Lebens, alle Kanäle höherer Entwicklung, möglichen Nutzens für meine Mitmenschen und mache mich zum bloßen Verwalter eines Geldbeutels – - Reichtum hat mich belogen, es war Misserfolg, kein Erfolg; es war nicht Reichtum, es war dunkle, tückische Armut, die mir sogar Mich selbst gestohlen hat. Alle Dinge werden für uns zu dem, was wir ihnen nehmen.

Scheitern ist einer der Erzieher Gottes. Es ist Erfahrung, die den Menschen zu höheren Dingen führt; es ist die Offenbarung eines Weges, eines Weges, der uns bisher unbekannt war. Die besten Männer der Welt, diejenigen, die die größten echten Erfolge erzielt haben, blicken mit heiterem Glück auf ihre Misserfolge zurück. Die Drehung des Zeitgesichts zeigt alle Dinge in einer wunderbar beleuchteten und befriedigenden Perspektive.

Manch einer ist heute dankbar dafür, dass ein kleiner Erfolg, um den er einst gekämpft hatte, sich in Luft auflöste, als seine Hand versuchte, ihn festzuhalten. Scheitern ist oft die Grundlage für echten Erfolg. Wenn der

Mensch in einigen Fällen seines Lebens sagen kann: „Diese Misserfolge waren das Beste, was mir auf der Welt passieren konnte", sollte er dann nicht neuen Misserfolgen mit unerschrockenem Mut und Vertrauen entgegentreten, dass das wundersame Wirken der Natur eine Veränderung herbeiführen kann? Werden aus diesen neuen Stolpersteinen neue Trittsteine?

Unsere größten Hoffnungen werden oft zerstört, um uns auf bessere Dinge vorzubereiten. Das Versagen der Raupe ist die Geburt des Schmetterlings; das Vergehen der Knospe ist das Werden der Rose; Der Tod oder die Zerstörung des Samens ist der Auftakt zu seiner Auferstehung als Weizen. In der Nacht, in den dunkelsten Stunden vor der Morgendämmerung, wachsen Pflanzen am besten und nehmen am meisten an Größe zu. Möge dies nicht eine der sanften Demonstrationen der Natur für den Menschen sein, in denen er sich am besten entwickelt, in der Dunkelheit des Scheiterns, die sich zum Sonnenlicht des Erfolgs entwickelt. Fürchten wir uns nur vor dem Scheitern, wenn wir nicht das Richtige leben, wie wir es sehen, und die Ergebnisse der Obhut des Unendlichen überlassen.

Wenn wir an einen der höchsten Momente unseres Lebens denken, an einen großen Erfolg, an jemanden , der uns lieb ist, und dann darüber nachdenken, wie wir zu diesem Moment, diesem Erfolg, diesem Freund gelangt sind, werden wir von dieser Offenbarung überrascht und gestärkt sein. Wenn wir jeden einzelnen Schritt Schritt für Schritt durch die Genealogie der Umstände zurückverfolgen , werden wir sehen, wie logisch der Verlauf unserer Freude und unseres Erfolgs von Trauer und Misserfolg war und dass das, was uns heute am meisten Glück gibt, untrennbar miteinander verbunden ist verbunden mit dem, was uns einst Kummer bereitete. Viele der Flüsse unseres größten Wohlstands und Wachstums haben ihren Ursprung und ihr rieselndes Anwachsen in den dunklen, düsteren Nischen unseres Scheiterns.

Es gibt keine ehrliche und wahre Arbeit, die mit einem konstanten und aufrichtigen Ziel durchgeführt wird und jemals wirklich scheitert. Auch wenn es manchmal als vergebliche Anstrengung erscheint , wird es uns eine neue Lektion darüber erteilen, wie man geht; Das Geheimnis unseres Scheiterns wird uns als Inspiration für mögliche Erfolge dienen. Der Mensch, der mit den höchsten Zielen lebt, immer so gut er kann, in ständiger Harmonie mit ihnen, ist ein Erfolg, egal welche Misserfolgsstatistiken eine kurzsichtige und halbblinde Welt von Kritikern und Kommentatoren vor seiner Tür haben mag.

Hohe Ideale und edle Bemühungen werden scheinbare Misserfolge zu Kleinigkeiten machen, sie müssen uns nicht entmutigen; sie sollten sich als Quellen neuer Kraft erweisen. Der steinige Weg könnte sich als sicherer erweisen als der rutschige, glatte Weg. Vögel können nicht am besten mit dem Wind fliegen, sondern gegen ihn; Schiffe kommen nicht ruhig voran, wenn die Segel träge gegen die gespannten Masten schlagen.

Die Alchemie der Natur, die der der Paracelsianer überlegen ist, verwandelt ständig die unedleren Metalle des Scheiterns in das spätere reine Gold des höheren Erfolgs, wenn der Geist des Arbeiters im Dienst treu, beständig und unermüdlich bleibt und er über dieses Erhabene verfügt Mut, der dem Schicksal bis zum Äußersten trotzt, während er sein Bestes gibt.

VI
IMMER UNSER BESTES GEBEN

Das Leben ist für den Einzelnen ein wundersam komplexes Problem, bis er eines Tages in einem Moment der Erleuchtung zu der großen Erkenntnis erwacht, dass er es einfach machen kann – niemals ganz einfach, aber immer einfacher. Es gibt tausend Geheimnisse über Recht und Unrecht, die den weisen Männern aller Zeiten ein Rätsel aufgegeben haben. Es gibt Tiefen in den großen Grundfragen der Menschheit, die noch nie in der Philosophie ausgelotet wurden. Es gibt wilde Schreie des ehrlichen Hungers nach Wahrheit, die versuchen, die Stille jenseits des Grabes zu durchdringen, aber zu ihnen immer wieder zurückhallen – nur eine Wiederholung ihrer unbeantworteten Schreie.

In uns allen steckt manchmal der große Ton der hinterfragenden Verzweiflung, die unseren Horizont verdunkelt und unsere Bemühungen lähmt: „Wenn es wirklich einen Gott gibt, wenn ewige Gerechtigkeit wirklich die Welt regiert", sagen wir, „warum sollte das Leben so sein ? " Das ist es? Warum verhungern manche Menschen, während andere schlemmen; warum schmachtet die Tugend oft im Schatten, während das Laster im Sonnenschein triumphiert; warum tritt das Scheitern so oft in die Fußstapfen ehrlicher Bemühungen, während der Erfolg, der sich aus Betrug und Schande ergibt, begrüßt wird mit dem Beifall der Welt? Wie kommt es, dass der liebende Vater einer Familie vom Tod getroffen wird, während die wertlose Bürde einer anderen verschont bleibt? Warum gibt es so viel unnötigen Schmerz, Kummer und Leid auf der Welt – warum sollte das überhaupt so sein? Gibt es welche?"

Weder die Philosophie noch die Religion können eine endgültige, zufriedenstellende Antwort geben, die einer logischen Demonstration oder einem absoluten Beweis fähig wäre. Selbst nach den besten Erklärungen bleibt immer ein Rest des Unerklärten. Wir müssen dann in die ewigen Arme des Glaubens zurückfallen und weise genug sein zu sagen: „Ich werde mich von diesen Problemen des Lebens nicht beunruhigen lassen, ich werde nicht zulassen, dass sie mich in Zweifel stürzen und mein Leben mit Unbestimmtheit und Unklarheit trüben." Ungewissheit. Der Mensch maßt sich viel an, wenn er vom Unendlichen die vollständige Lösung all seiner Geheimnisse verlangt. Ich werde mein Leben auf dem uneinnehmbaren Felsen einer einfachen Grundwahrheit gründen: „ Diese herrliche Schöpfung mit ihren Millionen wundersamer Phänomene, die immer pulsieren." „Im Einklang mit dem ewigen Gesetz muss es einen Schöpfer geben, dieser Schöpfer muss allwissend und allmächtig sein. Aber dieser Schöpfer selbst kann aus Gerechtigkeit von keinem Geschöpf mehr verlangen als das Beste, was dieser Einzelne geben kann." Ich werde jeden Tag und in jedem Moment das Beste tun, was ich mit dem Licht, das ich habe, tun kann; ich werde immer mehr Licht, eine vollkommenere Erleuchtung der Wahrheit anstreben und immer so gut ich kann in Harmonie mit der Wahrheit leben, wie ich sie sehe. Wenn es zu einem Scheitern kommt , werde ich ihm mutig entgegentreten; wenn mein Weg dann im Schatten von Prüfungen, Kummer und Leid liegt, werde ich den erholsamen Frieden und die ruhige Stärke von jemandem haben, der sein Bestes gegeben hat und mit dem ich auf die Vergangenheit zurückblicken kann kein Anflug von Bedauern, und der heldenhaften Mut hat, sich den Ergebnissen zu stellen, welche auch immer sie sein mögen, wohlwissend, dass er sie nicht ändern konnte."

Auf diesem Lebensplan, dieser Grundlage kann der Mensch jeden religiösen oder philosophischen Überbau errichten, den er gewissenhaft errichten kann; Er sollte seine Ausrüstung zum Leben um jeden Funken moralischer, mentaler oder spiritueller Kraft und Inspiration erweitern, den er sich zu sichern vermag. Dieser einfache Arbeitsglaube steht keinem Glaubensbekenntnis entgegen, ist kein Ersatz; Es ist nur ein primärer Glaube, eine Zitadelle, ein Zufluchtsort, in den sich der Einzelne zurückziehen kann, um Kraft zu schöpfen, wenn der Lebenskampf hart wird.

Eine bloße Lebenstheorie, die nur eine Theorie bleibt, ist für einen Menschen ungefähr so nützlich wie eine Speisekarte mit Goldschnitt für einen hungernden Seemann auf einem Floß mitten im Ozean. Es ist irritierend, aber nicht anregend. Keine Regel für ein höheres Leben wird einem Menschen auch nur im Geringsten helfen, bis er die Hand ausstreckt und sie für sich selbst anwendet, bis er sie in seinem täglichen Leben praktisch umsetzt, bis der Samen der Theorie in seinem Geist zu tausend Blumen aus Gedanken und Worten erblüht und handeln.

Wenn ein Mann aufrichtig danach strebt, jederzeit sein Bestes zu geben, ist diese Entschlossenheit in jedem Moment seines Lebens sichtbar, und keine Kleinigkeit in seinem Leben kann zu unbedeutend sein, um seinen Lebensgrundsatz widerzuspiegeln. Die Sonne beleuchtet und verschönert ein gefallenes Blatt am Straßenrand so unvoreingenommen wie einen hoch aufragenden Berggipfel in den Alpen. Jeder Wassertropfen im Ozean ist ein Inbegriff der Chemie des gesamten Ozeans; Jeder Tropfen unterliegt genau denselben Gesetzen, die in der vereinten Unendlichkeit von Milliarden Tropfen herrschen, die dieses Wunder der Natur ausmachen, das die Menschen das Meer nennen. Egal wie bescheiden der Beruf des Einzelnen ist, wie uninteressant und langweilig seine Pflichten auch sein mögen, er sollte sein Bestes geben. Er sollte das, was er tut, durch den Verstand, den er darin investiert, würdigen, er sollte das Wenige, das er an Kraft, Energie, Fähigkeit oder Gelegenheit hat, beleben, um sich darauf vorzubereiten, höheren Privilegien gewachsen zu sein, wenn sie kommen. Dies wird den Menschen niemals zu der schwachen Zufriedenheit führen, die mit allem zufrieden ist, was ihm zufällt. Vielmehr wird es seinen Geist mit jener göttlichen Unzufriedenheit erfüllen, die freudig das Beste akzeptiert – lediglich als vorübergehenden Ersatz für etwas Besseres.

Der Mann, der immer danach strebt, sein Bestes zu geben, ist der Mann, der eifrig, aktiv, hellwach und aggressiv ist. Er ist bei Kleinigkeiten immer auf der Hut; Sein Maßstab ist nicht: „Was wird die Welt sagen?" aber „Ist es meiner würdig?"

Edwin Booth, einer der größten Schauspieler auf der amerikanischen Bühne, würde es sich selbst in seinen privaten Stunden niemals erlauben, eine unanständige Haltung einzunehmen. In dieser einfachen Sache hat er sein Bestes gegeben. Auf der Bühne war jede Bewegung von unbewusster Anmut geprägt. Diejenigen seiner Gesellschaft, die sich ihrer Bewegungen bewusst waren, waren die Unbeholfenen, die in der Öffentlichkeit versuchten, die Nachlässigkeit der Gesten und Bewegungen ihres Privatlebens rückgängig zu machen oder zu verbergen. Der Mann, der in seiner täglichen Rede schlampig und gedankenlos ist, dessen Wortschatz aus einer Ansammlung blutleerer Gemeinplätze besteht, dessen Wiederholungen von Redewendungen und übertriebene Zwischenrufe nur als schwache Verschleierung seines Ideenmangels dienen, wird bei einer Gelegenheit, bei der er sich danach sehnt, niemals brillant sein um die Sterne zu überstrahlen. Ein optimales Leben bedeutet ständige Vorbereitung auf den sofortigen Einsatz. Es kann niemals dazu führen, dass man überpräzise, selbstbewusst, affektiert oder überheblich ist. Bildung im höchsten Sinne ist die *bewusste* Schulung des Geistes oder Körpers, um *unbewusst zu handeln* . Dabei handelt es sich um die bewusste Ausbildung geistiger Gewohnheiten, nicht um bloße Informationsbeschaffung.

Eine der vielen Arten, mit denen sich der Einzelne unklugerweise selbst in den Schatten stellt, ist die Verehrung des Fetischs des Glücks. Er hat das Gefühl, dass alle anderen Glück haben und dass alles, was er versucht, scheitert. Er erkennt nicht die unermüdliche Energie, die unermüdliche Konzentration, den heroischen Mut, die erhabene Geduld, die das Erfolgsgeheimnis einiger Männer sind. Ihr „Glück" bestand darin, dass sie sich darauf vorbereitet hatten, ihre Chance zu nutzen, wenn sie kam, und wach waren, um sie zu erkennen und anzunehmen. Seine eigene Chance kam und verging unbemerkt, sie würde ihn nicht aus seinen Träumen von unermesslichem Reichtum wecken, der ihm in den Schoß fallen würde. So wird er entmutigt und beneidet diejenigen, denen er nacheifern sollte, und er bandagiert seinen Arm und chloroformierte seine Energien und erfüllte seine Pflichten oberflächlich, oder er ging durchs Leben und „probierte" immer nur Aktivitätslinien aus.

Der ehrliche, treue Kämpfer sollte sich immer darüber im Klaren sein, dass Scheitern nur eine Episode im Leben eines wahren Mannes ist – niemals die ganze Geschichte. Es ist nie leicht, ihm zu begegnen, und keine Philosophie kann es so machen, aber der unerschütterliche Mut, die Bedingungen zu meistern, anstatt sich über sie zu beschweren, wird ihm auf seinem Weg helfen; es wird ihm jemals ermöglichen, das Beste aus dem herauszuholen, was er hat. Er kennt nie die lange Reihe überwundener Misserfolge, die dem Erfolg eines anderen Stabilität verleihen; Er erkennt nicht den Preis, den ein reicher Mann, der unschuldige Fußball aus politischen Unzufriedenen und Demagogen, heldenhaft für Reichtum und Position bezahlt hat.

Der Mann, der an allen Dingen den pessimistischen Zweifel hegt; der eine zertifizierte Garantie seiner Zukunft verlangt; wer fürchtet, dass seine Arbeit nicht anerkannt oder geschätzt wird; oder dass es sich am Ende wirklich nicht lohnt , dass er nie sein Bestes geben wird. Er schwächt seine Fähigkeit, echte Fortschritte zu erzielen, durch seine hypnotische Reihe von Ausreden für Untätigkeit, statt durch starke Gründe zum Handeln.

Eines der schwächendsten Elemente in der individuellen Verfassung ist die Hingabe an die bevorstehenden Jahre. Das Selbstvertrauen des Menschen schwindet und stirbt in der Angst vor dem Alter. „Dieser neue Gedanke", sagt er über einen Vorschlag, der zu einer höheren Entwicklung führt, „ist gut; er ist das, was wir brauchen. Ich bin froh, ihn für meine Kinder zu haben; ich wäre froh gewesen, eine solche Hilfe gehabt zu haben, als ich es war." in der Schule, aber für mich ist es zu spät. Ich bin ein betagter Mann."

Das ist nichts weiter als eine blinde Verschließbarkeit des Lebens vor wundersamen Möglichkeiten. Der Alarmton der verpassten Gelegenheit wird in diesem Leben nie geläutet. Es ist nie zu spät, die Wahrheit zu erkennen und danach zu leben. Es erfordert nur größere Anstrengung, größere Aufmerksamkeit, tiefere Hingabe; Aber das Unmögliche gibt es nicht für den Mann, der selbstbewusst ist und bereit ist, den Preis für seinen Erfolg oder seine Entwicklung mit Zeit und Mühe zu zahlen. Später im Leben sind die Beurteilungen schwieriger durchzuführen, wie in der Lebensversicherung, aber das spielt keine Rolle für das mächtige Selbstvertrauen, das nicht alt wird, während Wissen es jung halten kann .

Sokrates lernte, als sein Haar vom Schnee des Alters weiß wurde, Musikinstrumente zu spielen. Cato begann mit sechzig Jahren sein Griechischstudium, und im gleichen Alter begann Plutarch mit der Begeisterung eines Jungen seine ersten Lateinstunden. Der Charakter des Menschen, Theophrastus' größtes Werk, wurde an seinem neunzigsten Geburtstag begonnen. Chaucers Canterbury Tales waren das Werk der letzten Lebensjahre des Dichters. Ronsard, der Vater der französischen Poesie, dessen Sonette selbst eine Übersetzung nicht zerstören kann, entwickelte seine dichterische Begabung erst mit fast fünfzig Jahren. Benjamin Franklin hatte in diesem Alter gerade seine wirklich ersten bedeutenden Schritte in der Philosophie gemacht. Arnauld , der Theologe und Weise, übersetzte Josephus in seinem achtzigsten Lebensjahr. Winckelmann, einer der berühmtesten Schriftsteller der klassischen Antike, war der Sohn eines Schuhmachers und lebte bis in die Blüte seines Lebens in Dunkelheit und Unwissenheit. Hobbes, der englische Philosoph, veröffentlichte in seinem siebenundachtzigsten Lebensjahr seine Version der Odyssee und ein Jahr später seine Ilias. Chevreul , der große französische Wissenschaftler, dessen unermüdliche Arbeit im Bereich der Farben die Welt so bereichert hat, war beschäftigt, eifrig und aktiv, als der Tod ihn im Alter von 103 Jahren rief.

Diese Männer hatten keine Angst vor dem Alter; Diese wenigen Namen aus der großen Liste der Berühmten, die den Jahren getrotzt haben, sollten für jeden Menschen, dessen Mut und Selbstvertrauen schwach sind, eine Stimme der Hoffnung und der Ermutigung sein. Der Weg der Wahrheit, eines höheren Lebens und einer wahreren Entwicklung in jeder Lebensphase ist dem Einzelnen niemals verschlossen – bis er ihn selbst verschließt. Lass den Menschen dies fühlen, daran glauben und diesen Glauben zu einem realen und lebendigen Faktor in seinem Leben machen, dann sind seinem Fortschritt keine Grenzen gesetzt. Er muss immer nur sein Bestes geben und ruhig und unbesorgt bleiben, egal welche Ergebnisse seine Bemühungen erzielen. Der ständige Rückblick auf das, was hätte sein können, anstatt nach vorne auf das, was sein könnte, schwächt das Selbstvertrauen erheblich. Diese Sorge um die alte Vergangenheit, diese verschwendete Energie, um das, was keine Macht der Welt wiederherstellen kann, schwächt immer mehr das Vertrauen des Einzelnen in sich selbst und schwächt seine Bemühungen, sich für die Zukunft bis zur Vollkommenheit seiner Möglichkeiten zu entwickeln.

Die Natur in ihrer wunderbaren Liebe und Zärtlichkeit sagt zum Menschen, der durch den Kampf geschwächt, erschöpft und erschöpft ist: „Tue die Kleinigkeit, die in diesem Augenblick unter deiner Hand liegt, so gut du kannst; tue es im besten Geist der Vorbereitung auf das." Zukunft, die Ihr Gedanke nahelegt; bringen Sie das ganze Licht des Wissens aus der Vergangenheit mit, um Ihnen zu helfen. Tun Sie dies und Sie haben Ihr Bestes gegeben. Die Vergangenheit ist für immer für Sie verschlossen. Sie ist für immer für Sie verschlossen. Keine Sorge, kein Kampf, nein Leiden, keine Qual der Verzweiflung kann es ändern. Es liegt so weit außerhalb deiner Macht, als ob eine Million Jahre Ewigkeit hinter dir liegen würden. Wende all diese Vergangenheit mit ihren traurigen Stunden, Schwächen und Sünden, ihren verpassten Gelegenheiten als Licht an Vertrauen und Hoffnung auf die Zukunft. Verwandeln Sie alles in voller Wahrheit und Licht, so dass jede

Kleinigkeit dieser Gegenwart zu einer neuen Vergangenheit wird, auf die man mit Freude zurückblicken kann; jede Kleinigkeit zu einer größeren, edleren und vollkommeneren Vorbereitung auf die Zukunft Zukunft. Die Gegenwart und die Zukunft, die du daraus machen kannst, gehört dir; die Vergangenheit ist mit all ihren Botschaften, all ihrer Geschichte, all ihren Aufzeichnungen zu Gott zurückgekehrt, der dir die goldenen Momente geliehen hat, damit du sie im Gehorsam gegenüber Seinem Gesetz nutzen kannst ."

VII
DER KÖNIGSWEG ZUM GLÜCK

„Während meines ganzen Lebens hatte ich keine vierundzwanzig Stunden Glück." Das sagte Fürst Bismarck, einer der größten Staatsmänner des 19. Jahrhunderts. Dreiundachtzig Jahre voller Reichtum, Ruhm, Ehre, Macht, Einfluss, Wohlstand und Triumph – Jahre, in denen er ein Imperium in seinen Händen hielt – aber nicht einen einzigen Tag des Glücks!

Glück ist das größte Paradoxon der Natur. Es kann auf jedem Boden wachsen und unter allen Bedingungen leben. Es trotzt der Umwelt. Es kommt von innen; Es ist die Offenbarung der Tiefen des Innenlebens, wenn Licht und Wärme die Sonne verkünden, von der sie strahlen. Glück besteht nicht im Haben, sondern im Sein; nicht des Besitzens, sondern des Genießens. Es ist das warme Leuchten eines Herzens, das mit sich selbst im Frieden ist. Ein Märtyrer auf dem Scheiterhaufen kann ein Glück erleben, um das ihn ein König auf seinem Thron beneiden könnte. Der Mensch ist der Schöpfer seines eigenen Glücks; Es ist der Duft eines Lebens, das im Einklang mit hohen Idealen gelebt wird. Für das, was ein Mensch *hat*, kann er von anderen abhängig sein; was er *ist*, liegt allein bei ihm. Was er im Leben erlangt, ist nichts als Erwerb *;* Was er *erreicht*, ist Wachstum. Glück ist die Freude der Seele am Besitz des Immateriellen. Absolutes, vollkommenes und andauerndes Glück im Leben ist für den Menschen unmöglich. Es würde die Vollendung von Errungenschaften bedeuten, das individuelle Bewusstsein einer vollkommen erfüllten Bestimmung. Glück ist paradox , weil es mit Prüfungen, Kummer und Armut einhergehen kann. Es ist die Freude des Herzens, die alle Umstände übersteigt.

Glück hat eine Reihe von Unterstudien – Befriedigung, Zufriedenheit, Inhalt und Vergnügen – clevere Nachahmer, die sein Aussehen nachahmen, anstatt seine Methode nachzuahmen. Befriedigung ist eine Harmonie zwischen unseren Wünschen und unserem Besitz. Es ist immer unvollständig, es ist die dankbare Annahme eines Teils. Es ist eine geistige Freude an der Qualität dessen, was man erhält, eine Unzufriedenheit mit der Quantität. Es mag ein Element des Glücks sein, aber an sich ist es kein Glück.

Zufriedenheit ist die perfekte Identität unserer Wünsche und unseres Besitzes. Sie besteht nur so lange, wie diese vollkommene Einheit und Einheit gewahrt bleiben kann. Aber jedes verwirklichte Ideal bringt neue Ideale hervor, jeder Schritt vorwärts offenbart weite Bereiche des Unerreichten; jede Fütterung regt neue Gelüste an, – dann sind die Wünsche und Besitztümer nicht mehr identisch, nicht mehr gleich; Neue Gelüste rufen neue Aktivitäten hervor, das Gleichgewicht wird zerstört und die Unzufriedenheit kehrt zurück . Der Mensch könnte alles Greifbare auf der

Welt besitzen und dennoch nicht glücklich sein, denn Glück ist die Befriedigung der Seele, nicht des Geistes oder des Körpers. Unzufriedenheit im höchsten Sinne ist der Grundton allen Fortschritts, der Beweis für neue Bestrebungen, die Garantie für die fortschreitende Offenbarung neuer Möglichkeiten.

Inhalt ist eine stark überbewertete Tugend. Es ist eine Art verdünnte Verzweiflung; Es ist das Gefühl, mit dem wir weiterhin Ersatzstoffe akzeptieren, ohne nach den Realitäten zu streben. Der Inhalt bringt den Geübten dazu, Essig zu schlucken und zu versuchen, mit den Lippen zu schmatzen, als wäre es Wein. Der Inhalt ermöglicht es einem, seine Hände am Feuer einer vergangenen Freude zu wärmen, die nur in der Erinnerung existiert. Inhalt ist ein mentales und moralisches Chloroform, das die Aktivitäten des Einzelnen dämpft, um zu höheren Ebenen des Lebens und Wachstums aufzusteigen. Der Mensch sollte sich niemals mit weniger zufrieden geben, als ihm die besten Anstrengungen seiner Natur ermöglichen können. Inhalte machen die Welt für den Einzelnen angenehmer, aber sie sind der Todesstoß für den Fortschritt. Der Mensch sollte mit jedem Schritt des Fortschritts lediglich als Station zufrieden sein und mit ihm als Ziel unzufrieden sein; zufrieden damit als einen Schritt; unzufrieden damit als Endgültigkeit. Es gibt Zeiten, in denen ein Mann mit dem zufrieden sein sollte, was er *hat*, aber niemals mit dem, was er *ist*.

Aber Inhalt ist kein Glück; Vergnügen ist es auch nicht. Vergnügen ist vorübergehend, Glück ist dauerhaft; Vergnügen ist eine Note, Glück ist eine Symphonie; Freude kann bestehen, wenn das Gewissen Proteste äußert; Glück, – niemals. Das Vergnügen kann seinen Bodensatz und seine Hefe haben; aber keiner kann im Kelch des Glücks gefunden werden.

Der Mensch ist das einzige Tier, das wirklich glücklich sein kann. Zum Rest der Schöpfung gehören nur schwache Nachahmungen der Zweitbesetzungen. Glück stellt eine friedliche Abstimmung eines Lebens mit einem Lebensstandard dar. Es kann niemals vom Einzelnen selbst, für sich selbst geschaffen werden. Es ist eines der zufälligen Nebenprodukte eines selbstlosen Lebens. Kein Mensch kann sein eigenes Glück zum einzigen Ziel seines Lebens machen und es erreichen, genauso wenig wie er auf das andere Ende seines Schattens springen kann. Wenn Sie das Ziel des Lebens ins Schwarze treffen würden, zielen Sie darüber hinaus. Stellen Sie andere Dinge höher als Ihr eigenes Glück, und es wird Ihnen ganz sicher zuteil werden. Man kann Vergnügen kaufen, man kann sich Inhalte aneignen, man kann zufrieden werden – aber die Natur hat nie echtes Glück auf den Schnäppchenpreis gelegt. Es ist die untrennbare Begleitung des wahren Lebens. Es ist ruhig und friedlich; es lebt nie in einer Atmosphäre der Sorge oder des hoffnungslosen Kampfes.

Die Grundlage des Glücks ist die Liebe zu etwas außerhalb des Selbst. Suchen Sie nach jedem Beispiel von Glück auf der Welt, und Sie werden feststellen, dass, wenn alle Nebenmerkmale beseitigt sind, immer das konstante, unveränderliche Element der Liebe vorhanden ist – die Liebe der Eltern zum Kind; Liebe von Mann und Frau zueinander; Liebe zur Menschheit in irgendeiner Form oder ein großes Lebenswerk, in das der Einzelne seine ganze Energie steckt.

Glück ist die Stimme des Optimismus, des Glaubens, der einfachen, unerschütterlichen Liebe. Kein Zyniker oder Pessimist kann wirklich glücklich sein. Ein Zyniker ist ein Mann, der moralisch kurzsichtig ist – und damit prahlt. Er sieht das Böse in seinem eigenen Herzen und glaubt, die Welt zu sehen. Er lässt einen Splitter in seinem Auge die Sonne verdunkeln. Ein unheilbarer Zyniker ist ein Mensch, der sich nach dem Tod sehnen sollte – denn das Leben kann ihm kein Glück bringen, der Tod schon. Der Grundgedanke für Bismarcks Unglücklichkeit war sein tiefes Misstrauen gegenüber der menschlichen Natur.

Es gibt einen Königsweg zum Glück; es liegt in Weihe, Konzentration, Eroberung und Gewissen.

Weihe bedeutet, das individuelle Leben dem Dienst an anderen zu widmen, einer edlen Mission, der Verwirklichung eines selbstlosen Ideals. Das Leben ist nicht etwas, das man *durchlebt* ; es ist etwas, dem man gerecht werden *muss* . Es ist ein Privileg und keine Strafe für so viele Jahrzehnte auf Erden. Die Weihe stellt den Zweck des Lebens als Endgültigkeit über den bloßen Erwerb von Geld. Der Mann, der selbstlos, gütig, liebevoll, zärtlich, hilfsbereit und bereit ist, die Last seiner Mitmenschen zu lindern, den Notleidenden Mut zu machen und sich selbst manchmal zu vergessen, wenn er an andere denkt, ist auf dem richtigen Weg zum Glück. Die Weihe ist immer aktiv, mutig und aggressiv und fürchtet nichts anderes als die mögliche Untreue gegenüber hohen Idealen.

Konzentration macht das individuelle Leben einfacher und tiefer. Es beseitigt die Täuschungen und Vortäuschungen des modernen Lebens und beschränkt das Leben auf das Wesentliche. Sorgen, Ängste, nutzloses Bedauern – all die großen Verschwendungen, die geistige, moralische oder körperliche Energie rauben, müssen geopfert werden, sonst zerstört der Einzelne unnötigerweise die Hälfte seiner Lebensmöglichkeiten. Ein großer Sinn im Leben, etwas, das die Stränge und Fäden des täglichen Denkens vereint, etwas, das die kleinen Prüfungen, Sorgen, Leiden und Fehler des Lebens aufhebt, ist eine große Hilfe für die Konzentration. Soldaten im Kampf können ihre Wunden vergessen oder sich ihrer gar nicht bewusst sein, weil sie inspiriert sind, für das zu kämpfen, was sie für richtig halten. Konzentration verleiht einem bescheidenen Leben Würde; es macht ein großartiges Leben, – erhaben. In der Moral ist es eine Abkürzung zur Einfachheit. Es führt zum Recht um des Rechts willen, ohne an Politik oder Belohnung zu denken. Es bringt dem Einzelnen Ruhe und Frieden – eine Gelassenheit, die nur das Sonnenlicht des Glücks ist.

Eroberung ist die Überwindung einer bösen Angewohnheit, das Überwinden von Widerständen und Angriffen, die spirituelle Erhöhung, die aus dem Widerstand gegen das Eindringen der unterwürfigen materiellen Seite des Lebens resultiert. Manchmal, wenn man durch den Kampf erschöpft und schwach ist; wenn es scheint, dass Gerechtigkeit ein Traum ist, dass Ehrlichkeit, Loyalität und Wahrheit nichts zählen, dass der Teufel der einzig gute Zahlmeister ist; Wenn die Hoffnung schwindet und schwindet, dann ist die Zeit gekommen, in der Sie sich in dem großen, erhabenen Glauben erheben müssen, dass das Recht siegen muss. Dann müssen Sie diese Kobolde des Zweifels und der Verzweiflung ersticken, Sie müssen sich selbst beherrschen, um die Welt um Sie herum zu meistern. Das ist Eroberung; Das ist es, was zählt. Sogar ein Baumstamm kann mit der Strömung schwimmen, es erfordert einen Mann, der standhaft gegen eine entgegenwirkende Flut ankämpfen kann, die sein Fahrzeug aus der Bahn treiben würde. Wenn die Eifersüchteleien, die kleinen Intrigen und die Gemeinheiten und Missverständnisse im Leben dich überfallen, dann erhebe dich über sie. Sei wie ein Leuchtturm, der die tosenden, tosenden Wellen des Sturms beleuchtet und verschönert, die ihn bedrohen, die ihn untergraben und über ihn hinwegspülen wollen. Das ist Eroberung. Wenn sich Ihnen die Chance bietet, Ruhm, Reichtum, Erfolg oder die Verwirklichung Ihres Herzenswunsches zu erlangen, indem Sie Ehre oder Prinzipien opfern, und Sie davon nicht lange genug berührt werden, um auch nur wie eine Versuchung zu wirken, dann waren Sie der Sieger. Auch das ist Eroberung. Und Eroberung ist Teil des Königswegs zum Glück.

Das Gewissen als Mentor, Führer und Kompass jeder Handlung führt immer zum Glück. Wenn der Einzelne mit seinem Gewissen allein bleiben und seine Zustimmung erhalten kann, ohne Gewalt oder fadenscheinige Logik anzuwenden, dann beginnt er zu wissen, was wahres Glück ist. Aber der Einzelne muss aufpassen, dass er nicht an ein Gewissen appelliert, das durch das Fehlverhalten und die daraus resultierende Taubheit seines Besitzers pervertiert oder abgestumpft ist. Der Mann, der ehrlich danach strebt, sein Leben in Hingabe, Konzentration und Eroberung zu leben, indem er Tag für Tag so gut lebt, wie er kann, mit dem Licht, das er hat, kann sich ausdrücklich auf sein Gewissen verlassen. Er kann seine Ohren vor „dem, was die Welt sagt" verschließen und in der Zustimmung seines eigenen Gewissens den höchsten irdischen Tribun finden – die Stimme des Unendlichen, die mit dem Einzelnen kommuniziert.

Unglück ist der Hunger danach; Glück ist der Hunger zu geben. Wahres Glück muss jemals den Anflug von Kummer überdauern, das Gefühl des Schmerzes, das durch die mildernden Jahre gemildert wird, die Züchtigung des Verlusts, der im wundersamen Mysterium der Zeit unser Leiden in Liebe und Mitgefühl mit anderen verwandelt.

Wenn sich der Einzelne einen einzigen Tag vorgenommen hätte, um Glück zu schenken, das Leben glücklicher, heller und süßer zu machen, nicht für sich selbst, sondern für andere, würde er eine wundersame Offenbarung darüber finden, was Glück wirklich ist. Der größte Held der Welt könnte durch keine Reihe von Heldentaten so viel Gutes bewirken wie irgendein Einzelner, der sein ganzes Leben lang Tag für Tag danach strebt, andere glücklich zu machen.

Jeden Tag sollte es neue Entschlossenheit, neue Kraft und neuen Enthusiasmus geben. „Nur für heute" könnte das tägliche Motto Tausender Gesellschaften im ganzen Land sein, deren Mitglieder sich zusammenschließen, um die Welt durch ständige einfache Taten der Freundlichkeit, ständige Taten der Freundlichkeit und Liebe zu verbessern. Und Glück würde zu ihnen kommen, in seiner höchsten und besten Form, nicht weil sie versuchen würden, es *aufzunehmen* , sondern – weil sie versuchen, es *auszustrahlen* .

Entdecken Sie einen Vintage-Klassiker! Dieses außergewöhnliche Werk, das ursprünglich vor über einem Jahrhundert veröffentlicht wurde, war zu lange außer Reichweite. Writat Publishing ist stolz darauf, diesen Schatz wieder aufleben zu lassen, ihn neu zu formatieren und ins Deutsche zu übersetzen. Begleiten Sie uns auf einer immersiven Reise in die Geheimnisse und Wunder eines der besten Klassiker. Verpassen Sie nicht Ihre Chance, dieses zeitlose Juwel wiederzuentdecken und sich der Magie der Vintage- und Klassikliteratur hinzugeben!

WRITAT
www.writat.com

ISBN 978-93-5925-555-2

9 789359 255552

Der Völkerwahn auf dem Planeten Mars und seine schrecklichen Folgen

Eine Kombination aus Spaß und Weisheit

James Howard Calisch